Réussir

avec les

MODÈLES

MENTAUX

MOHAMED BEN AISSA

Copyright © 2017 Mohamed BEN AISSA

Tous droits réservés.

ISBN : 9781520346656

TABLE DES MATIÈRES

Introduction	7
Inversez..	16
Dédoublez..	21
Êtes-vous sûrs ?	27
Imposez..	32
Projetez..	40
Vérifiez..	48
Concentrez..	53
Posséder ou être possédé	58
Un, deux, trois…partez !	63
Prévoyez..	69
Récompensez..	77
Conclusion	85

Introduction

" Entre possible et impossible, deux lettres et un état d'esprit. "
Charles De Gaulles

" Quant aux méthodes, il peut y avoir un million et même plus, mais les principes sont peu nombreux. L'homme qui comprend les principes peut choisir ses propres méthodes avec succès. L'homme qui essaie les méthodes en ignorant les principes est sûr de rencontrer des difficultés. "
Ralph Waldo Emerson

Richard Feynman a remporté le prix Nobel de physique en 1965. Il est considéré comme l'un des plus grands physiciens modernes. Il est aussi auteur de livres de cours de physique très connus et appréciés par les étudiants.

Feynman a poursuivi ses études au MIT et a obtenu son doctorat de Princeton. Au cours de ces années, il s'est fait connaître dans les départements de mathématiques car il pouvait résoudre des problèmes mathématiques que des doctorants en mathématiques brillants ne pouvaient pas résoudre.

Feynman explique pourquoi il a pu le faire dans son livre fantastique, « Vous plaisantez certainement Monsieur Feynman ! » :

« Un jour [mon professeur de physique de lycée, M. Bader,] m'a dit de rester après la classe. "Feynman," a t-il dit, "vous parlez trop et vous faites trop de bruit. Je sais pourquoi. Vous vous ennuyez. Donc, je vais vous donner un livre. Vous allez au fond de la salle, dans le coin, et vous allez étudier ce livre, et quand vous saurez tout ce qui est dans ce livre, vous pouvez parler à nouveau. "

Ainsi, chaque cours de physique, je ne faisais pas attention à ce qui se passait en classe. J'étudiais ce livre: « Calculs avancés » par Woods.

Ce livre était destiné normalement à des étudiants d'université. Il évoquait des séries de Fourier, des fonctions de Bessel, des déterminants, des fonctions elliptiques et toutes sortes de choses merveilleuses que j'ignorais.

Ce livre montrait également une certaine opération : comment différencier des fonctions sous le signe d'intégration. Il se trouve que ce n'est pas toujours enseigné dans les universités ; ils ne mettent pas l'accent dessus. Mais j'ai appris grâce à ce livre, à utiliser cette méthode, et on peut dire que je l'ai utilisé et réutilisé encore et encore. Donc, parce que je suis autodidacte et que j'ai appris en utilisant ce livre, j'avais des méthodes particulières pour calculer des intégrales.

*En résultat, quand les gars du MIT ou de Princeton ont eu du mal à calculer une intégrale particulière, c'était parce qu'ils ne pouvaient pas le faire avec les méthodes standards qu'ils avaient appris à l'école. Ensuite, j'arrivais et j'essayais de différencier sous le signe, et souvent cela fonctionnait. Ce qui me créa une grande réputation pour le calcul intégral. La seule raison de cette réputation fut que ma **boîte à outils** était différente de celles des autres, et ils avaient essayé tous leurs outils avant de me proposer le problème.* »

Les modèles mentaux

Feynman parlait de boîte à outils. Un schéma ou une façon de penser ou d'agir sont des outils. Ces outils peuvent être nommées **modèles mentaux**. Un modèle mental est une façon de regarder le monde.

En termes simples, les modèles mentaux sont l'ensemble des outils que vous utilisez pour penser. Chaque modèle mental offre un cadre différent que vous pouvez utiliser pour regarder la vie ou résoudre un problème particulier.

La stratégie de Feynman de résolution des intégrales était un modèle mental unique, qu'il pouvait sortir de sa boîte à outils intellectuelle et utiliser pour résoudre des problèmes difficiles qui ont échappé à ses pairs. Feynman n'était donc pas nécessairement plus intelligent que les doctorants en mathématiques, il a juste vu le problème sous un angle différent.

Il n'y a pas une façon unique de gérer votre emploi du temps ou d'aboutir à un but. Lorsque vous avez une variété de modèles mentaux à votre disposition, c'est à dire une grande boîte à outils, vous pouvez choisir celui qui convient le mieux à votre situation actuelle. Vous pouvez même avoir le loisir de combiner deux ou plusieurs modèles afin d'aboutir à votre but de la façon la plus efficace ou bien la plus élégante ou bien encore la plus économique, etc.

Imaginez avoir des moyens qui n'étaient pas en votre possession auparavant et qui vous permettent d'avoir un peu plus de contrôle sur votre vie, d'être plus efficace, d'arrêter de gaspiller vos efforts pour peu de résultats, d'économiser votre temps et votre argent. Des moyens qui vous permettent de résoudre les problèmes efficacement, d'avoir au final une vie professionnelle et personnelle plus agréable.

Ces moyens existent, ils s'appellent les modèles mentaux.

La loi de l'outil

Vous avez peut être entendu avant le proverbe qui dit: " *Si tout ce que vous avez est un marteau, tout ressemble à un clou*". Si vous avez seulement une façon de voir le monde, alors vous allez essayer d'adapter chaque problème que vous rencontrez à cette façon de voir. Lorsque votre ensemble de modèles mentaux est limité, votre potentiel pour trouver une solution en sera de même.

Il y a cependant un fait intéressant, si vous êtes assez intelligent et talentueux dans un domaine, vous avez tendance à croire que votre ensemble de compétences est la réponse à la plupart des problèmes que vous rencontrez.

Plus vous maîtrisez un modèle mental unique, plus il devient clair que ce modèle mental sera votre point faible parce que vous allez commencer à l'appliquer indistinctement à tous les problèmes. C'est un biais que les gens intelligents peuvent facilement développer.

Toutefois, si vous développez une plus grande boîte à outils de modèles mentaux, vous améliorerez votre capacité à résoudre des problèmes parce que vous aurez plus d'options pour arriver à la bonne réponse. Cette capacité représente une des principales qualités que les gens vraiment brillants ont par rapport aux masses d'individus seulement intelligents. Les personnes brillantes comme Richard Feynman ont plus de modèles mentaux à leur disposition.

Ne pas essayer de creuser un trou avec un marteau. Voilà pourquoi avoir un large éventail de modèles mentaux est important. Vous ne pouvez choisir le meilleur outil pour la situation que si vous avez une boîte à outils la plus complète possible.

Les problèmes de la vie et du travail sont beaucoup plus faciles à résoudre lorsque vous avez les bons outils.

Bonne lecture…

Les modèles mentaux ont été rendus populaires par le milliardaire autodidacte Charlie Munger. Selon son partenaire le célèbre Warren Buffett « Charlie est capable d'analyser n'importe quelle transaction avec une rapidité et une exactitude incomparable. Il est le partenaire parfait. » Buffet et Munger ont crée une société qui pèse 200 milliards de dollars.

Cette capacité Munger, qui a débuté sa carrière comme météorologue puis a travaillé comme avocat, l'attribue à sa façon globale de voir les choses.

Pour expliquer cette façon de voir les choses, il la décrit comme une construction d'un « portefeuille de modèles mentaux » travaillant en synergie et avec efficacité.

Dans ce qui suit, vous allez découvrir un certain nombre de ces modèles mentaux.

Ce livre ne prétend pas présenter une liste exhaustive des modèles mentaux, ce qui serait d'ailleurs impossible.

Mais, le but de ce livre est que le lecteur prenne conscience de l'utilité et des avantages qu'il peut tirer des modèles mentaux à travers un certains nombre de ces modèles qui seront présentés par la suite.

Que ce soit par curiosité ou pour engager un changement, une dynamique mentale positive est enclenchée quand on découvre pour la première fois les modèles mentaux. Je vous souhaite donc une bonne lecture et une bonne découverte.

L'auteur

Inversez..

" *Quand les enfants ne font rien, ils font des bêtises.* "
Henry Fielding

Imaginez que vous jouez à un jeu avec 5 autres joueurs où chacun doit tirer au hasard une carte. Les cartes sont numérotées de 1 à 6 et les gains sont proportionnels à ce numéro.

Imaginez que vous obtenez le numéro 2, vous vous dites c'est un numéro faible et si j'échangeais ma carte avec un autre joueur j'ai 4 chances sur 5 d'obtenir une carte avec un numéro plus élevé.

Sauf qu'en réalité celui qui a le numéro 6 ne va jamais proposer un échange, ceux qui ont les numéros 5 et 4 vont se dire qu'ils ont plus de chance de perdre dans un échange.

Vous allez vous retrouver surement avec le joueur qui a le numéro 1 qui va vous proposer un échange.

Cet exemple montre que la façon directe de résolution du problème donne une solution erronée où la chance de perdre est plus élevée. La bonne façon de résoudre le problème est de pratiquer « *l'inversion* ».

L'inversion est un modèle mental qui consiste à essayer de résoudre les problèmes non pas directement, mais à rebours en les inversant. En effet, la méthode directe, plus intuitive, n'est pas toujours la plus simple ou la plus correcte.

Il ne s'agit pas de commencer la résolution du problème par sa dernière étape mais plutôt d'imaginer l'opposé de ce que vous désirez et de penser à tout ce que vous devriez faire pour l'éviter.

Par exemple, quand je veux terminer un travail dans un temps limité et de façon cohérente, je commence par m'éloigner de tout ce qui peut m'interrompre pendant mon travail (téléphone, emails…). Cela aide beaucoup pour se concentrer et avoir un fil des idées clair et ininterrompu.

Charlie Munger pour illustrer l'inversion disait « *Tout ce que je veux savoir est où je vais mourir, alors je n'irai jamais là-bas* ».

Cette pensée a été inspirée par Carl Gustav Jacob Jacobi, le mathématicien allemand célèbre pour ses travaux en calcul différentiel.

Jacobi disait « *man muss immer umkehren* » traduit approximativement par « *inverser, toujours inverser* ».

« *Jacobi savait qu'il est dans la nature des choses que beaucoup de problèmes difficiles sont mieux résolus quand ils sont traités à rebours* », dit Munger.

Ce modèle mental ne s'applique évidement pas uniquement en mathématiques. Il constitue l'une des habitudes mentales les plus puissantes.

Imaginez que vous voulez augmenter la productivité de votre entreprise. On pourrait chercher toutes les choses que vous pourriez faire pour favoriser la productivité. Cependant, si vous regardez le problème par inversion, vous allez penser à toutes les choses que vous pourriez faire qui décourageraient la productivité. Idéalement, vous devriez limiter ces choses.

Etre brillant ou éviter d'être stupide ?

Un autre exemple consiste à plutôt que de penser à ce qui rend riche, vous pouvez penser aux prescriptions qui assureraient la misère. Ou encore, on pourrait appliquer l'inversion pour perdre du poids en pensant à s'éloigner de ce qui fait grossir plutôt qu'à essayer tous ce qui fait maigrir.

Inverser le problème ne veut pas toujours dire le résoudre, mais ça vous aidera souvent à éviter des ennuis.
La règle numéro 1 de l'investissement selon Warren Buffett est de « *ne pas perdre de l'argent* ». La règle numéro 2 est de « *se souvenir de la règle n°1* ».

Eviter d'être stupide est souvent plus facile que d'essayer d'être intelligent.

En plus d'éviter les ennuis dus à la stupidité, cette méthode comporte souvent moins de risque et nécessite moins d'effort que d'essayer d'être plus brillant.

On pourrait penser par exemple que plutôt que chercher à accumuler une liste interminable de compétences, il serait plus efficace de concentrer ses efforts sur le fait d'empêcher les erreurs dans l'exécution des tâches qu'on maîtrise déjà.

En plus de permettre de résoudre des problèmes qui n'aurait pas pu être résolus autrement, l'inversion est un puissant modèle mentale car il permet d'effacer certains biais mentaux et de prévenir des ennuis couteux en temps, en énergie et en argent.

Dédoublez..

> « *Son secret dans la vie, se plaisait-elle à répéter, c'était qu'elle espérait pour le mieux, se préparait au pire, et n'était donc jamais surprise pour quoi que ce fût entre les deux.* »
> Je sais pourquoi chante l'oiseau en cage, Maya Angelou

La *redondance* est une idée d'ingénierie qui se réfère au processus d'inclure des composants supplémentaires dans un système de telle sorte qu'ils puissent être mis en service dans le cas d'une panne de sorte que le système continue à fonctionner.

Par exemple les systèmes de sauvegarde qu'on appelle en informatique le Back-up sont des redondances d'information mais qui nous assurent la continuité du système lorsque les informations d'origine sont perdues.

En mettant en œuvre la redondance au sein d'un système, nous pouvons réduire considérablement les chances que le système s'arrête totalement.

En cas de défaillance, les sauvegardes peuvent être utilisées pour le faire fonctionner à nouveau le plus rapidement possible.

L'idée principale est que la redondance est une façon de réduire ou d'éliminer l'impact négatif potentiel d'une défaillance du système.

Par exemple, la roue de secours dans une voiture vous permet de remettre votre véhicule en état de rouler en cas de crevaison de l'une des quatre roues.

Si vous utilisez un téléphone portable pour appeler de l'aide c'est aussi une forme de sauvegarde.

Le fait d'avoir plusieurs sources de revenu, ou bien dans un ménage le fait d'avoir deux salaires est un moyen pour limiter le risque de manquer totalement d'argent au cas où l'un des salaires ou l'une des sources de revenus cesse d'exister. De même que l'épargne peut être utilisée dans le même but.

De la même manière, les générateurs électriques de secours dans les hôpitaux et autres établissements sensibles sont une redondance des sources d'électricité mais qui sont d'une grande utilité pour éviter des catastrophes.

Ajouter de la redondance à un système peut aider à l'empêcher de ne pas atteindre un seuil critique.

Les avions qui sont des systèmes où l'échec comporte des risques majeurs, sont conçus avec beaucoup de redondances, y compris des contrôles de sauvegarde, des systèmes électriques, et même des moteurs. Il y a même deux pilotes, juste au cas où.

Les spécialistes de l'électronique numérique, des télécoms ou bien encore des outils d'enregistrement musical vous diront que ces systèmes comportent des protocoles qui détectent et corrigent les erreurs de transmission ou d'enregistrement du signal.

Ces systèmes reposent sur la redondance d'information et garantissent ainsi une qualité HiFi pour les différents supports audio-visuels.

Si un goulot d'étranglement particulier dans un processus ne peut être optimisé ou amélioré, il sera un candidat idéal pour la redondance pour avoir l'assurance que le système fonctionnera toujours à sa performance maximale.

Par exemple, les usines ne peuvent pas se permettre d'arrêter toute une chaine de production juste parce qu'une machine importante est en panne.

C'est ainsi quand une machine constitue un goulot d'étranglement dans le processus c'est-à-dire un point dont la défaillance risque l'arrêt de tout le processus, dans ce cas l'usine prévoit souvent d'avoir les pièces détachées et les techniciens sur place pour pouvoir pallier à une panne tout de suite.

Pensez à certains des systèmes importants dans votre vie et essayer d'imaginer ce qui se passerait s'il y a un pépin d'une certaine façon.

Quel en sera l'impact? Est-ce juste un inconvénient, ou va-t-il provoquer un impact négatif majeur?

Par exemple, voici des systèmes redondants de la vie courante : utiliser la ceinture de sécurité en voiture, avoir un détecteur d'incendie chez soi, avoir un extincteur de feu dans sa voiture, alimenter une épargne, descendre du côté du trottoir quand on est passager d'un véhicule…

Le respect des règles de sécurité en général est un système de redondance qui rajoute des actions ou des habitudes à votre comportement habituel mais vous évite beaucoup d'ennuis.

De la même façon les concepteurs de systèmes à l'usage du public essayent de bloquer les erreurs des utilisateurs quand c'est possible plutôt que de compter sur le discernement des utilisateurs.

En plus de la sécurité de cette façon de faire, l'utilisateur se retrouve devant des systèmes plus faciles d'utilisation puisqu'il est guidé et ne peut faire d'erreur.

Par exemple quand vous remplissez un formulaire informatisé, à chaque fois que vous devez rentrer une date comme votre date de naissance par exemple, vous vous retrouvez à choisir entre 12 mois.

Le système est prévu pour que vous ne puissiez pas rentrer le mois numéro 13 ou 66. Puisqu'il n'existe que 12 mois, pourquoi laisser à l'utilisateur de ces formulaires le loisir de faire une erreur. C'est ainsi que les concepteurs ont bloqué cette possibilité.

Il existe ainsi une multitude d'exemples de redondances dans les systèmes de la vie moderne qui garantissent sécurité et simplicité. Il n'est pas possible de tous les énumérer.

Il arrive cependant que malgré ces systèmes, un événement imprévu avec une très faible probabilité mais aux conséquences très graves se réalise, c'est ce qu'on appelle un « *cygne noir* ». C'est une notion qui sera évoquée plus tard.

Êtes-vous sûrs ?

" Le succès est une conséquence et non un but. "
Gustave Flaubert

Dans les années 70, un économiste Sam Peltzman s'est rendu compte que la généralisation des ceintures de sécurité dans les voitures avait une conséquence néfaste. Non pas que ça soit une mauvaise chose en soi, mais selon la théorie du *comportement compensatoire* de Peltzman, certains conducteurs se sentant plus en sécurité, se sont mis à faire moins attention en conduisant. Ce qui a conduit à plus d'accidents de la route.

Malgré une baisse de la mortalité par accident, la généralisation des ceintures de sécurité a induit une augmentation des accidents eux-mêmes. Depuis on a appelé ce phénomène « *L'effet Peltzman* ».

L'effet Peltzman montre qu'une décision n'a pas que des impacts directs. Ces impacts directs qu'ils soient hautement bénéfiques, peuvent cacher des impacts du second ou du troisième ordre.

Cette notion est bien comprise par les joueurs d'échecs d'un certain niveau qui essayent de voir les conséquences après plusieurs coups de leur stratégie ou celle de l'adversaire. Ils essayent en même temps d'inciter leur adversaire à faire des erreurs fatales où un avantage offert à l'adversaire n'est qu'un piège tendu qui ne va se révéler qu'après plusieurs coups.

Les gens, en général, se concentrent sur le résultat immédiat d'une décision. En effet, les décisions se fondent le plus souvent sur leurs conséquences du premier ordre. Par exemple, je suis en retard pour mon travail, donc je décide de faire vite afin que je puisse arriver au travail à temps.

Ou encore, je décide de commencer à réduire les coûts dans mon entreprise pour augmenter ma rentabilité. Quelles pourraient être les conséquences du second et du troisième ordre de ces décisions?

Toute décision a des conséquences de deuxième et de troisième ordre. C'est-à-dire des résultats qui sont différents du résultat immédiat désiré mais qui sont directement liés à la décision initiale. Ils sont le plus souvent séparés par le temps et l'espace de la perspective de la décision.

Il existe deux problèmes, le premier est que nous n'avons en général aucune idée sur ces conséquences, si elles sont bonnes ou mauvaises. Le second qui en découle est que nous ne savons pas si au vu de ces conséquences, le but premier recherché garde tout son intérêt et son bénéfice.

Dans l'exemple de l'entreprise qui réduit ses coûts pour augmenter ses bénéfices, il se peut qu'en réduisant par exemple la publicité, elle touche moins de monde et diminue du coup les ventes et les bénéfices.

Ou bien en investissant moins dans son matériel, la qualité de ses produits se retrouve réduite et les clients finissent par s'en rendre compte et s'en détournent. Ou bien encore le manque de moyens matériels va provoquer la lassitude des employés ce qui impactera tôt ou tard les bénéfices par plusieurs biais.

Réfléchissez à la première, à la deuxième et éventuellement aux conséquences du troisième ordre de vos décisions importantes avant de les prendre.

Si vous le pouvez, expérimentez avant de sauter le pas. Il faut en général beaucoup plus de ressources (du temps, de l'argent..) pour faire face à des conséquences imprévues que pour le fait d'envisager et planifier leur possibilité en avance. Serez-vous toujours capable de voir les conséquences futures? Bien sûr que non. Mais vous serez surpris de ce que vous pouvez voir si vous essayez.

Changer certains aspects d'un système complexe introduit toujours des effets du second ordre, dont certains peuvent être opposés à l'intention originale du changement.

Les éléments d'un système complexe peuvent être liés ou dépendants les uns des autres de millions de façons différentes, et vous ne savez probablement pas exactement comment.

Chacune de vos actions a des conséquences, et ces conséquences engendrent toujours d'autres conséquences en cascades. Et ce même si vous ne savez pas ce qu'elles sont ou ne voulez pas qu'elles se produisent.

Utilisez toujours les changements dans un système complexe (comme une entreprise) avec une extrême prudence. Ce que vous obtenez peut très bien être l'inverse de ce que vous attendez.

Imposez..

  " *L'art naît de contraintes, vit de lutte et meurt de liberté* "
  André Gide

Il y a beaucoup d'auteurs qui vont se plaindre si on leur proposait d'écrire un livre avec seulement 50 mots. Mais il y avait un auteur qui a décidé d'accepter le pari et d'utiliser les outils qu'il avait en sa possession et d'en faire une œuvre d'art.
En 1960, deux hommes ont fait un pari. Il n'y avait que 50 $ en jeu, mais des millions de personnes ont senti l'impact de ce petit pari.

Le premier homme, *Bennett Cerf*, était le fondateur de la maison d'édition « *Random House* ». Le deuxième homme était *Theo Geisel*, plus connu sous le nom de *Dr Seuss*. Cerf a proposé le pari et a défié *Dr. Seuss* d'écrire un livre divertissant pour enfants en utilisant seulement 50 mots différents.

Dr. Seuss a accepté le pari et a gagné. Le résultat fut un petit livre pour enfants intitulé « *Les Oeufs verts au jambon* ». Depuis sa publication, il a été vendu à plus de 200 millions d'exemplaires, ce qui en fait l'œuvre la plus populaire de Seuss et l'un des livres pour enfants les plus vendus de l'histoire.

À première vue, vous pouvez penser que c'était un coup de chance. Un auteur talentueux joue un jeu amusant avec 50 mots et finit par produire un best-seller. En réalité, il y a des leçons cachées dans cette histoire et ces leçons peuvent nous aider à devenir plus créatifs et s'en tenir à de meilleures habitudes sur le long terme.

Ce que le Dr Seuss a découvert grâce à ce petit pari, c'est le pouvoir des contraintes. Vous fixer des limites, qu'il s'agisse du temps que vous devez travailler, de l'argent que vous avez pour démarrer une entreprise ou du nombre de mots que vous pouvez utiliser dans un livre, offre souvent de meilleurs résultats que «garder vos options ouvertes».

Plus tard, le Dr Seuss a trouvé que fixer des limites dans son travail était si utile qu'il a employé cette stratégie pour d'autres livres. Par exemple, « *le chat dans le chapeau* » a été écrit en utilisant seulement une liste prédéfinie de vocabulaire.

En fait, *les contraintes* peuvent également offrir des avantages en matière de santé, d'affaires et de la vie en général. Car les contraintes donnent de l'inspiration et augmentent votre créativité en vous poussant à trouver des solutions.

Les contraintes vous forcent à chercher un résultat et ne vous permettent pas de tergiverser.

C'est pourquoi les professionnels planifient leur travail avec des objectifs quantifiés et des dates. Si vous attendez que vous soyez motivé, alors il faut à ce moment là avoir une liste de tâches à faire et de voir à quoi vous êtes motivé en ce moment et le faire. Le manque de visibilité freine la motivation.

Les contraintes ne sont pas l'ennemi. Chaque artiste a un ensemble limité d'outils pour peindre une toile. Chaque athlète a un ensemble limité de performances pour s'entraîner. Chaque entrepreneur a une quantité limitée de ressources.
Une fois que vous connaissez enfin vos contraintes, vous pouvez commencer à trouver comment les utiliser.

Nous avons tous des contraintes dans nos vies. Les limitations sont comme la gamme de couleurs que l'artiste utilise pour faire de la peinture. Mais si c'est vous l'artiste alors, ce qui compte c'est ce que vous en fait, c'est votre œuvre.

Vous avez seulement une heure pour préparer une réunion? Ainsi soit-il. C'est votre gamme de couleurs. Votre travail est de voir si vous pouvez faire de cette heure une œuvre d'art.

Vous pouvez consacrer seulement 20 minutes chaque jour pour le sport? C'est votre gamme de couleurs. Votre travail consiste à faire de chaque séance une œuvre d'art.

Vous avez seulement 500 euros pour le marketing de votre nouveau produit? C'est votre gamme de couleurs. Votre travail est de faire de chaque prospection une œuvre d'art.

En 1930, un professeur de 23 ans en Uruguay nommé *Juan Carlos Ceriani* a créé un nouveau sport. *Ceriani* voulait concevoir un jeu qui ressemblait au football, mais que ses élèves pouvaient jouer à l'intérieur tout au long de l'année. Son nouveau jeu est devenu célèbre sous le nom de football en salle.

Le football en salle est très similaire au football, mais il y a quelques différences importantes. Premièrement, il est joué dans un terrain beaucoup plus petit (Ceriani a conçu le jeu pour qu'il puisse être joué sur les terrains de basket-ball). Deuxièmement, le ballon est plus petit et a moins de rebond qu'un ballon de foot ordinaire. Troisièmement, il y a seulement cinq joueurs par équipe plutôt que les onze joueurs typiques dans un match de football.

Cette combinaison de facteurs, un environnement de jeu plus serré et une balle moins rebondissante, exige des joueurs de football en salle de développer plus de maîtrise du ballon et un jeu plus dynamique car ils jouent constamment dans des espaces encombrés.

En outre, parce qu'il y a moins de joueurs, chaque personne touche la balle beaucoup plus que ce qu'elle ferait dans un match de football standard. En fait, selon des recherches citées par *Daniel Coyle* dans son livre « *The Talent Code* », les joueurs de football en salle obtiennent six fois plus de touches pendant le jeu que les joueurs de football.

Tout au long des années 1930 et dans les années 1940, le football en salle a migré de l'Uruguay au Brésil, où les brésiliens sont tombés amoureux du nouveau jeu.

Il est difficile de dire pourquoi le football en salle est devenu si populaire au Brésil, mais une chose est sûre:

Les jeunes brésiliens qui ont grandi en jouant au football en salle tout au long des années 1940 et durant les années 1950 ont développé une maîtrise incroyable de la balle et des compétences techniques.

Finalement, ces enfants sont devenus des adultes et ont fait la transition du football en salle au football. La créativité athlétique qu'ils ont développé a aidé les brésiliens à briller sur la scène mondiale.

Pendant les douze années de 1958 à 1970, il y a eu quatre championnats du monde. Le Brésil en a remporté trois. C'est ainsi que les contraintes accélèrent le développement des compétences.

Le football en salle n'a pas aidé les joueurs à développer la compétence d'être bon footballeur. C'est trop général.

Il les a aidés à développer des habiletés de manipulation du ballon, ce qui s'est avéré être précieux dans le jeu de football.

De même que les contraintes du football en salle ont forcé les enfants brésiliens à développer leur créativité et à mieux maîtriser le ballon, les contraintes peuvent également favoriser votre propre développement d'habiletés.

À bien des égards, atteindre le niveau suivant de performance est simplement une question de choix des contraintes appropriées.

Projetez..

> *" Sauf erreur, je ne me trompe jamais. "*
> Alexandre Vialatte

> *" Ce n'est pas le doute qui rend fou, c'est la certitude. "*
> Friedrich Nietzsche

Beaucoup de gens ont déjà expérimenté avec plus ou moins d'humour ou d'agacement les mésaventures du GPS quand ils font entièrement confiance à leur guidage électronique et qu'ils se retrouvent par exemple en plein milieu des champs ou dans des pistes piétonnes, même si les GPS se sont beaucoup améliorés depuis leurs premières générations.

« *La carte n'est pas le territoire* » disait le linguiste Alfred Korzybski qui était le premier à utiliser le concept de neurolinguistique. Le sens de l'expression provient d'une histoire, probablement apocryphe, mais très illustrative. Korzybski était tombé, avec d'autres soldats pendant la seconde guerre mondiale, dans une fosse profonde qui ne figurait pas sur les cartes.

Selon Korzybski, une carte n'est pas le territoire qu'elle représente, tout comme un mot n'est pas l'objet qu'il représente. La connaissance que nous avons du monde est limitée par la structure de notre système nerveux et la structure du langage. Nous ne connaissons pas le monde directement, mais à travers des abstractions qui font des cartes mentales avec lesquelles nous comprenons la réalité.

Chacun de nous a sa propre carte mentale. Le système de croyance personnelle, la relation avec nos parents, l'éducation, nos expériences antérieures et les conclusions que nous en avons tirées, entre autres, sont les variables qui nous conditionnent à voir les choses différemment. L'histoire suivante illustre ce principe :

« Une fois, un cirque est venu à un village, dont les habitants étaient tous aveugles. Ce cirque avait un éléphant. Les gens avaient peur des cris de l'éléphant parce qu'ils ne comprenaient pas ce qui pourrait faire un tel bruit. Après une longue réunion, ils ont décidé d'envoyer les quatre hommes les plus sages pour découvrir ce que c'était.

Quand ils sont arrivés, le premier d'entre eux a touché la patte de l'éléphant et il a dit : « c'est semblable à un tronc d'arbre ». Derrière lui, le second élu a touché le corps de l'éléphant et a dit : « c'est comme un mur ». Le troisième homme sage a touché la trompe de l'éléphant et a dit : « c'est comme un serpent ». Et enfin, le quatrième homme sage a touché la queue de l'éléphant et a conclu qu'il était comme une corde. »

Bien évidemment chacun tenait un bout de la réalité mais sa conception de la réalité ne pouvait pas être toute la réalité. Il faut donc se rendre compte des limites de sa propre conception du monde et de la réalité, et aussi accepter que chacun ait une vision différente. Ceci permet d'être plus mature et de perdre moins d'énergie dans des conflits inutiles.

Nous avons tous une perception différente du monde qui nous entoure. Nous avons des expériences différentes des choses.

Par exemple, alors que le fait de vivre près de la nature offre pour certains le calme et la tranquillité, pour d'autres ça n'évoque que de l'ennui.

Les cartes sont des modèles

Une carte est une aide à l'orientation. Elle nous montre où nous sommes et où les chemins mènent. Toutefois, une carte est un modèle, donc une représentation théorique de la réalité. Et elle est seulement un moyen de cartographier le monde. Mais il y a autant de façons différentes de décrire le monde qu'il y a de personnes.

Les cartes sont aussi des images réduites de la réalité. Une carte nous montre par exemple, où se trouve une ville et où une route passe, mais elle ne nous montre pas les arbres au bord des routes.

Cette réduction de la description est un choix mais aussi une obligation, car la réalité est toujours beaucoup plus riche que les modèles qui vont la présenter à l'esprit humain qui lui est limité.

Par exemple, beaucoup de gens et même des scientifiques oublient souvent que même les lois de la physique c'est-à-dire l'une des sciences les plus « exactes » ne sont que des modèles de la réalité. Elles ont toujours des hypothèses sous lesquelles elles décrivent bien la réalité d'un phénomène mais dès qu'on s'éloigne de ces hypothèses, elles ne sont plus valides c'est-à-dire que les utiliser donnera des résultats faussés.

Notre vision des choses peut dans la perspective d'autres personnes et donc de leurs cartes être fausse ou du moins différente.
De l'autre côté, aussi longtemps que nous pouvons bien nous orienter avec notre carte, peut se renforcer chez nous le sentiment que notre carte est la seule vue correcte des choses.

Or il vaut mieux se rendre compte de la limite intrinsèque de tout modèle y compris nos cartes mentales puis renforcer notre flexibilité à changer ou modifier nos cartes mentales.

Les cartes d'autres personnes sont différentes. La prochaine fois que vous rencontrez une personne avec qui vous n'êtes pas d'accord, alors pensez à l'image de la carte. Cet homme pourrait avoir une carte complètement différente de la votre, ce qui ne signifie rien d'autre qu'il perçoit le monde différemment que vous.

Tout le monde est orienté différemment. Alors que toutes les routes et les chemins sont parfaitement décrits sur votre carte, les flux de vent et les températures peuvent être décrits sur la carte d'une autre personne.

Dans cet exemple, les deux cartes ne sont pas fausses, elles ne donnent simplement pas la même importance aux mêmes informations.

Apprenez donc à connaître les cartes des autres. Avec la pléthore de cartes différentes, la compréhension mutuelle est souvent difficile. Vous pouvez voir ça comme une occasion d'apprendre quelque chose de nouveau. Mais si vous essayez d'observer les cartes des autres, vous pouvez en apprendre beaucoup, parce que, vous allez élargir votre point de vue.

Dans tous les cas, ne discutez pas les cartes des autres. Si par exemple, vous voulez apprendre ce que quelqu'un d'autre sait ou pense, alors vous devez essayer de comprendre sa carte du monde et ne pas discuter avec lui au sujet de la justesse de sa vision des choses.

Il faut faire aussi attention aux **mots**. Les mots et surtout les noms qu'on donne aux choses sont aussi des cartes comme les autres.
Ce n'est pas parce qu'on utilise la même langue ou le même vocabulaire qu'on donne le même sens aux mots. C'est un biais dans lequel les gens tombent souvent.
Ce qui cause des défauts de communication et des malentendus.

Mais pas seulement. Quand on ne fait pas attention à ce biais, on peut aussi se tromper soi même en utilisant par commodité ou par usage des noms qui vont nous tromper sur les propriétés de la chose désignée par ce nom.

Vérifiez..

> " *Ce ne sont pas les poètes ni les romanciers qui ont inventé l'écriture : ce sont les comptables.* "
> Christos Nuessli

Les *checklists* ou *listes de vérification* sont un puissant modèle mentale qui participe à nous rendre plus efficace tout en nous rendant plus sereins en débarrassant notre cerveau de tâches qu'il ne va plus avoir besoin ruminer.

Une liste de vérification est un outil qui peut être utilisé pour décrire un ensemble de «choses» qui doivent être complétées.

Comme les humains ont une mémoire et de l'attention limitées, des listes de vérification nous aident à accomplir des tâches qui seraient autrement trop complexes ou accomplies avec trop d'erreurs ou bien simplement oubliées.

En effets en posant les choses par écrit le cerveau n'a plus besoin de garder des processus en mémoire qui vont à la fois réduire ses performances et augmenter notre stress de peur d'oublier quelque chose.

Exemples :

- Une « ToDo » -liste de choses à faire
- Une liste d'achats
- Une liste d'objets à emmener en voyage
- Liste de vérification des points de sécurité dans les avions avant chaque vol
- …

Les listes de vérification sont un outil pour nous aider à augmenter la précision et la cohérence des tâches qu'on doit exécuter.

L'esprit humain ne fait pas bien les choses lorsqu'il est confronté à des tâches complexes et répétitives. Nous avons tendance à oublier ou à sauter des étapes importantes, ce qui entraîne des erreurs, des accidents et d'autres problèmes.

Les listes de vérification peuvent servir à décrire des procédures et à s'y tenir. Nous décrivons les procédures que nous pouvons suivre chaque fois que nous effectuons une tâche répétitive. Ca aide à obtenir le même résultat à chaque fois sans erreurs.

Une liste d'achats est simple mais elle reste une liste de vérification. Combien de fois êtes-vous allé faire vos courses, pour réaliser lorsque vous rentrer que vous avez oublié d'acheter un objet dont vous aviez besoin?

Une liste de vérification « Voyage » fonctionne de la même manière qu'une liste d'achats. En écrivant tous les éléments que vous devez prendre avec vous à l'avance, vous réduisez les chances de débarquer à votre destination sans sous-vêtements. Elle peut également être conservée, réutilisée, et perfectionnée au fil du temps de sorte que chaque fois que vous voyagez, vous pouvez compter sur la même liste.

Charlie Munger mentionne spécifiquement les listes de vérification:

« Je suis un grand croyant dans la résolution de problèmes difficiles en utilisant une liste de vérification. Vous devez obtenir toutes les réponses probables et improbables préalablement; sinon il est facile de manquer quelque chose d'important. »

Choisissez un processus que vous exécutez de façon régulière, créez une liste de vérification pour ce processus qui répertorie toutes les étapes dans l'ordre, puis essayez d'améliorer ce processus en trouvant ce qu'il vous aide à terminer plus rapidement tout en réduisant les erreurs. Recherchez si une étape ou une série d'étapes peuvent être supprimées ou simplifiées ou remplacées par une étape plus courte.

Cherchez aussi les résultats où l'erreur n'est pas permise et réfléchissez comment rajouter une étape ou un test qui évite ces erreurs…

Concentrez..

" Le manque de temps n'est rien d'autre qu'un manque de priorités. "
La semaine de 4 heures, Tim Ferriss

Ce modèle mental est l'un des plus importants modèles mentaux, il repose sur le « *principe de Pareto* ». Le mathématicien Vilfredo Pareto, a découvert en 1906 que dans son pays natal l'Italie 20% des familles possédaient 80% de la richesse nationale. Et ce ratio est encore vrai aujourd'hui pour de nombreux domaines de la vie.

Plus tard, Joseph M. Juran a appliqué ce ratio *80/20* dans les domaines de la gestion et a inventé le terme « *principe de Pareto* ». Il y voit un « *outil d'analyse universel* ». Dans ce contexte, il se traduit par : « 80% des effets ne proviennent que de 20% des causes ».

Il ne faut pas prendre ces chiffres à lettre. Le rapport peut varier. Parfois, il est peut-être 70 à 30 ou 90 à 10. Mais vous pouvez observer ces rapports dans presque tous les domaines.

L'idée principale est que dans la plupart des cas, la cause et l'effet n'ont pas une relation linéaire : un petit sous-ensemble des causes permet de générer la plupart des effets. Le tout est de savoir identifier ce sous-ensemble et de distinguer ainsi les causes les importantes pour générer les effets désirés.

Voici des exemples :

20% des clients représentent 80% du chiffre d'affaires.

7% des clients font 80% des réclamations.

12% des conducteurs causent 50% de tous les accidents.

20% des livres font 80% des ventes de livres…

Ce principe a été récemment popularisé par un auteur très inspirant qui s'appelle Tim Ferriss. Il a consacré son livre « La semaine de 4 heures » à ce principe et comment en tirer profit dans sa vie professionnelle ou personnelle.

Il explique comment pour sa première entreprise, il a été débordé par le travail à faire. Jusqu'au jour où il a classé ses clients en créant une liste de clients des plus rentables à ceux qui achetaient peu mais réclamaient beaucoup.

Appliquant ce principe, il a purement et simplement gardé les 20% premiers sur la liste et cessé de servir les 80% restants.

Selon ce principe, il n'allait perdre que 20% à peu près de son chiffre d'affaires mais par contre 80% de son temps de travail était désormais libre. Il pouvait ainsi le consacrer à développer son entreprise et retrouver d'autres clients encore plus rentable. Au final, selon Tim Ferriss cette opération lui a permis de très vite rembourser et dépasser le pourcentage de chiffre d'affaire perdu mais surtout il ne se sentait plus esclave de son entreprise.

Vous pouvez appliquer ce modèle mental pour une infinité de choses : pour gagner du temps, être plus efficace professionnellement, pour apprendre des choses nouvelles en vous concentrant sur l'essentiel..

Par exemple, quand on apprend une nouvelle langue, tous les mots n'ont pas la même occurrence. Il existe une liste de 200 à 300 mots qui sont les plus utilisés dans chaque langue, ce sont ces mots que vous devez apprendre en premier. Vous pouvez retrouver ces listes de mots en faisant une recherche sur internet. En apprenant ces mots, ce qui constitue peu d'effort relativement, vous allez en peu de temps pouvoir comprendre et effectuer des discussions basiques.

Ce que nous apprend aussi ce modèle mental, en plus du sens des priorités, c'est le devoir de simplifier et le détachement du trop de superflu. On ne peut pas être ni efficace ni libre en ne voulant rien lâcher. C'est ainsi que Tim Ferriss dit : « *Se concentrer sur l'important et laisser de côté le superflu est difficile parce que le monde entier semble se liguer pour vous inonder de trucs idiots à faire.* »

En milieu professionnel, ce modèle mental vous invite donc à hiérarchiser vos priorités selon leur importance mais aussi selon leur urgence ce qui n'est pas la même chose, mais aussi à apprendre à dire non y compris à vos supérieurs et à savoir déléguer les tâches qui peuvent être faites par quelqu'un d'autre pour vous concentrer sur ce que vous faites le mieux.

Posséder ou être possédé

" *La richesse consiste bien plus dans l'usage qu'on en fait que dans la possession.* "

Aristote

En 1765, alors que la fille de l'intellectuel français Denis Diderot était sur le point de se marier, son père faisait face à des problèmes d'argent et ne pouvait pas financer le mariage de sa fille.

Diderot qui était un des auteurs de l'encyclopédie, à la période des lumières, n'a jamais été riche, mais son nom fut désormais célèbre.

La Grande Catherine, l'empereur de Russie, entendit parler des problèmes financiers de Diderot, elle lui proposa d'acheter sa bibliothèque pour 1000 Livres Sterling, (ce qui vaut de nos jours environ 45,000 Euros). De plus la reine Catherine lui demanda de garder les livres jusqu'à ce qu'elle en ait besoin et lui proposa un salaire de bibliothécaire royal.

Du jour au lendemain, Diderot s'est senti riche, il avait beaucoup d'argent alors il s'est acheté une belle tenue. La tenue de Diderot était si belle qu'il n'y avait selon lui : « plus de coordination, plus d'unité, plus de beauté» entre sa nouvelle tenue et le reste de sa garde-robe et même de sa maison.

Il a commencé alors à s'acheter de nouveaux meubles et de nouvelles décorations qui étaient enfin harmonieuses et dignes de la beauté de son premier achat.
Cet enchaînement d'achats où en partant d'une première acquisition, on sent le besoin de s'acheter de nouveaux objets jusqu'à finir par faire des achats inutiles et/ou compulsifs est ce qu'on a fini par appelé « *l'effet Diderot* ».

Cet effet est décrit par Diderot lui-même dans son essai « *Regrets sur ma vieille robe de chambre ou Avis à ceux qui ont plus de goût que la fortune* ».

Ecrit sur le ton ironique, Diderot y conclut : « *Mes amis, gardez vos vieux amis. Mes amis, craignez l'atteinte de la richesse. Que mon exemple vous instruise. La pauvreté a ses franchises ; l'opulence a sa gêne* ».

L'effet Diderot est un piège où je tombe personnellement souvent, l'acquisition de mon premier smartphone m'a poussé à acheter deux protections, une pour le quotidien et une autre pour les occasions, un chargeur pour la voiture, un chargeur, une batterie externe, une carte mémoire de taille maximale…

Alors qu'avec mon bon vieux téléphone portable qui pouvait tenir jusqu'à une semaine sans le charger je n'avais pas besoin de la plupart de ses accessoires.
L'être humain a une tendance naturelle à l'accumulation. Nous sommes rarement dans la simplification et l'élimination.

Savoir résister est un apprentissage. Savoir trier aussi et surtout savoir renoncer.

Vous pouvez appliquer ici le principe de Pareto pour toujours n'essayer de garder que le plus important et savoir qu'il y a toujours des choses qui doivent être éliminées ou des choses auxquelles il faut renoncer.

C'est un bon exemple de combinaison entre les modèles mentaux qui feront désormais partie de votre boîte à outils. Le but n'étant pas de minimiser mais d'optimiser. La meilleure protection contre cet effet reste la prise de conscience.

On pourra toujours chercher mieux que ce qu'on a, mais cela ne s'arrête jamais sauf si nous le décidons.

Si vous êtes particulièrement vulnérable à cet effet, vous devez à ce moment là penser à réduire votre exposition aux appels à achat comme les flâneries dans les centres commerciaux ou sur les sites internet marchands.

Vous pouvez aussi prendre des dispositions ou des filtres qui rendent plus compliqué ou plus lent l'acte d'achat. Vous pouvez aussi vous imposer des délais entre deux achats.

Enfin pour éviter d'être submergé chez vous par les objets accumulés, vous devez vous débarrasser systématiquement de chaque objet que vous renouvelez. Si par exemple vous vous achetez un nouvel écran de salon et si vous ne comptez pas réutiliser ailleurs votre ancien écran, vous devez le donner ou le revendre plutôt que de l'entreposer quelque part chez vous.

Un, deux, trois…partez !

> *" La compétition, c'est la partie la plus facile.*
> *Tout le travail se fait dans les coulisses."*
> Usain Bolt

> *" Je ne suis en compétition avec personne. Je n'ai aucune*
> *envie de jouer le jeu d'être mieux que quiconque.*
> *J'essaie seulement d'être meilleur*
> *que la personne que j'étais hier."*
> Anonyme

La notion d'*avantage compétitif* ou *avantage concurrentiel* est une notion qui a été introduite pour la première fois en 1817 par l'économiste David Ricardo dans son livre *Des principes de l'économie politique*.

En réalité cette notion a une portée qui dépasse largement le cadre de l'économie. Elle est à la base des sciences stratégiques qu'elles soient politiques, économiques ou autres.

Dans le cadre d'une compétition qu'elle soit choisie ou imposée, qu'elle soit vécue dans le présent ou à attendre dans le futur, chaque compétiteur doit veiller à avoir un ou plusieurs avantages compétitifs.

Quand l'entreprise Apple a sorti son premier iPhone, elle a ainsi eu un avantage compétitif énorme. Car ce produit ne ressemblait en rien aux téléphones portables qui existaient à l'époque.

De plus ce produit a ouvert la voie à toute une communauté de développeurs d'applications pour qu'ils participent à l'essor des produits Apple et gagner en même temps de l'argent en proposant leurs applications sur la plateforme de l'entreprise.

Cet événement a constitué un coup dur à des entreprises qui étaient leaders du marché et qui faisaient un gros chiffre d'affaire.

Du jour au lendemain, beaucoup d'entre elles ont perdu leur part de marché et certaines ont fait des mauvais choix quant à quel système utiliser pour attirer les développeurs pour créer des applications comme celles d'Apple. Certaines n'ont pas pu résister.
Pour d'autres, il a fallu beaucoup de temps et de l'argent pour constituer une concurrence sérieuse à l'iPhone.

Si on utilisait un langage quelque peu militaire, nous dirons que la notion d'avantage compétitif ne veut pas dire une arme que vous utilisez dans une bataille mais une arme que vous n'avez pas besoin d'utiliser, car vous créez avec un avantage qui empêche vos adversaires de vous attaquer ou de vous prendre votre place.

Je disais que cette notion dépasse le cadre de l'économie et était à la base de la stratégie y compris militaire. Pour illustrer cet argument, l'exemple le plus simple est la dissuasion nucléaire, c'est une arme qui n'est pas faite en premier lieu pour être utilisée mais pour créer un avantage qui empêche les autres pays de vous attaquer.

Ce qu'on apprend avec ce modèle mentale n'est pas du tout d'être agressif ni de voir de la compétition là ou il ne faut pas mais savoir travailler sur soi même et se créer un portefeuille d'avantages compétitifs qui vous permettent d'atteindre vos objectifs et de ne pas perdre les avantages que vous auriez pu acquérir.

Ricardo dans son livre compare l'Angleterre et le Portugal. L'Angleterre fait de bons tissus et vêtements et a une industrie textile qui a acquis une technologie et de l'expérience.

Le Portugal fait de bons vins. Ricardo explique qu'il serait une perte de temps et d'énergie pour chaque pays d'essayer à la fois de fabriquer des vêtements et du vin. Il propose que chaque pays se spécialise sur le produit qu'il fabrique et vend mieux que les autres pays. Puis ces pays peuvent commercer entre eux.

Ce qu'on peut apprendre de cette idée, c'est qu'il vaut mieux se concentrer sur quelques uns de nos points forts que de perdre son temps et son énergie à essayer d'être bon partout.

Il vaut mieux avoir un domaine où on fait partie des gens excellents même si on est nul dans beaucoup d'autres domaines que d'être moyen dans beaucoup de domaines et n'exceller dans aucun.

Attention, je ne veux pas dire qu'il faut ignorer les domaines où nous ne sommes pas excellents ou spécialistes. Il est tout à fait possible de connaître les bases de chaque domaine comme l'explique Charlie Munger car il y a peu de principes à connaître dans chaque domaine. Ces principes sont à la source des autres connaissances. Le tout est de savoir en quoi consistent ces principes.

Ce modèle mental nous invite surtout à l'excellence qui ne peut être le fruit que d'une spécialisation.

Les équipes dont les membres ont des parcours et des spécialisations différentes ont plus de problèmes de communication mais réussissent en général mieux car on trouvera toujours quelqu'un pour résoudre les différents problèmes qui se posent. Alors que les équipes homogènes n'ont pas cet avantage.

C'est aussi ce qui pousse l'économie à se développer en filières où les entreprises se spécialisent sur un produit, ou bien une étape de la filière ou bien encore un segment du marché d'un produit.

Les entreprises confient souvent des tâches à des sous-traitants, achètent des produits et des semi-produits à des fournisseurs… Elles se spécialisent et n'essayent pas, la plupart du temps, de faire tout elles-mêmes.

Prévoyez..

" Tout imprévu est avènement de vérité inédite "
Claire de Lamirande

Avant d'arriver en Australie, les européens n'avaient aucune idée sur l'existence de cygnes noirs. Tous les cygnes qu'ils connaissaient étaient blancs. Le fait de découvrir des cygnes noirs était une surprise inattendue.

Nassim Taleb dans son livre « *Le cygne noir* » nous montre l'une des erreurs les plus fréquentes chez l'homme face à la complexité et l'incertitude.

Si nous vivions dans l'hémisphère nord toute notre vie, nous pensons que tous les cygnes sont blancs. L'existence d'un cygne noir semble impossible en raison de notre expérience limitée.

Mais le fait est que, aujourd'hui, dans un monde interconnecté, complexe et extrême, dans lequel l'information circule à pleine vitesse et dans toutes les directions, il est de plus en plus possible que nos chemins se croiseront avec ceux d'un cygne noir. Et cela peut changer nos vies.

Ce que Nassim a appelé « *Le cygne noir* » n'est pas un oiseau, mais un événement qui a les trois propriétés suivantes:

1. L'événement est une surprise (pour l'observateur). Il est d'une rareté qui le met en dehors du domaine des attentes normales, parce qu'il n'y a rien dans le passé qui pointe vers la possibilité qu'il se réalise.

2. l'événement a des conséquences majeures.
3. Il est rationalisé a posteriori, comme s'il avait pu être attendu. Nous ne pouvons pas le prédire avant que cela arrive, mais une fois que cela est arrivé, nous pensons que "nous l'avions vu venir."

Par exemple, les attaques du 11 septembre ou bien la crise financière mondiale sont des cygnes noirs. Mais les cygnes noirs ne sont pas que les évènements catastrophiques, les grandes découvertes scientifiques, les inventions, comme le téléphone, la radio, la pénicilline… sont aussi des cygnes noirs.

Pensez au moment où vous avez connu la personne qui allait partager votre vie. Combien d'événements vraiment importants dans notre propre existence se sont produits d'une manière planifiée et programmée, selon un plan? Dans mon cas, la réponse est simple:

Les événements les plus importants de ma vie ont été tous des cygnes noirs. Autrement dit, des événements qui répondent aux trois propriétés ci-dessus: la rareté, l'impact majeur et de prévisibilité rétrospective.

La question est: pourquoi, malgré le temps et les efforts consacrés à l'étude et l'analyse des informations, nous ne pouvons pas anticiper ces phénomènes?

Ce qui est surprenant pour Nassim, n'est pas l'ampleur de nos erreurs de prévision, mais le manque de prise de conscience que nous en avons. En d'autres termes, il nous est difficile d'accepter que ce que nous ne savons pas est plus important que ce que nous savons. Nous restons concentrés sur les détails, qui ne constituent que des petits changements.

Nous passons une grande partie de nos vies inquiets quant à l'avenir (voir blessés par le passé), en essayant d'anticiper ce qui va se passer, afin de protéger nos familles et de maximiser nos opportunités.

Des experts analysent les événements et les nouvelles à la télévision, et offrent leurs prédictions. Le gouvernement, les sociologues, les services statistiques, et l'industrie informatique accumulent des montagnes de données qui sont ensuite utilisées pour anticiper et prévoir les risques auxquels nous sommes confrontés.

Mais la réalité est que nous ne maîtrisons pas l'avenir (ni le passé d'ailleurs) et que nous oublions de vivre ici et maintenant et profiter du bonheur de l'instant présent.
Cette notion est illustrée par la métaphore de la dinde du philosophe Bertrand Russell.

Celui-ci imagina une dinde qui voyait chaque jour un fermier lui apporter une bonne ration de grains. Au fil du temps, elle finit par se forger une idée optimiste de son univers, peuplé de gentils fermiers attentifs à ses besoins.
Cette vision du monde risque cependant d'être brutalement battue en brèche le jour du Réveillon.
Ce qui était un cygne noir pour la dinde, ne l'était pourtant pas pour le fermier.

Chacun avait fait ses prédictions selon des informations différentes et plus ou moins complète sur la situation.

Cette métaphore illustre aussi une idée importante c'est que plus une observation est fréquente moins on s'attend à des imprévus.

Ce qu'explique Nassim Taleb aussi c'est que le monde moderne fait que les cygnes noirs sont de plus en plus fréquents car l'interconnexion des systèmes est plus grande et les moyens de communication plus nombreux et plus rapides.

La prévisibilité rétrospective est expliquée par le fait que quand un évènement se réalise, il devient un fait, il devient plus simple alors de voir la relation entre les causes et les effets.

Cette distorsion se produit à cause de la surestimation de la valeur des explications rationnelles des données, en parallèle de la sous-estimation de l'importance de l'aléatoire, celui là même qui ne peut pas être expliqué avec les données.

Cela nécessite moins d'effort et répond à la tendance du cerveau à prendre des décisions rapides de manière intuitives plutôt que d'effectuer de longues analyses tenant en compte la complexité de la réalité.

Nous sommes très prompts à adopter des décisions instantanées, utilisant une quantité minimale de données ou des théories superficielles.

Pour Taleb, il y a un problème philosophique fondamental. Nous sommes les enfants de l'école platonicienne, qui nous a encouragés à préférer la théorie structurée, complète et régulière par rapport à la réalité désordonnée et complexe.

Nous sommes également victimes d'une «erreur narrative» parce que nous ne sélectionnons que les faits qui correspondent à nos théories. Et lorsque des événements ont déjà eu lieu, nous créons des histoires à posteriori sur les faits qui semblent en être les causes.

Pour résumer, les cygnes noirs nous causent tant de problèmes et nous sommes incapables de les prédire parce que:

-Nous généralisons à partir de données spécifiques.
-Nous pensons que les événements passés peuvent nous montrer une idée claire de l'avenir.

Ca ne veut pas dire que ce que nous faisons est un tort en soi car cela marche pour beaucoup d'événements qui ne sont pas des cygnes noirs, et parce que nous n'avons ni le temps ni la capacité la plupart du temps de faire autrement.

Ca veut simplement dire que ce qui est valable souvent n'est pas valable tout le temps, surtout pour des évènements rares qui peuvent être d'une grande importance.

Récompensez..

> *" La conscience d'avoir bien agi est une récompense en soi. "*
> Sénèque

Dans les années soixante, un chercheur de Stanford nommé Walter Mischel a commencé une des expériences mythiques de la psychologie qu'on appelle l'*expérience du Marshmallow*. Je dis commencé car cette expérience a duré des années.

Cette expérience a révélé l'un des traits de caractère que l'on considère depuis comme le plus important pour l'évolution personnelle et professionnelle de la personne.

Au cours de ses expériences, Mischel et son équipe ont observé des centaines d'enfants dont la plupart étaient âgés entre 4 et 5 ans.

Chaque enfant est invité dans une pièce avec un chercheur. Devant lui on pose un bonbon Marshmallow. Le chercheur propose un accord à l'enfant. Il lui dit qu'il va quitter la pièce et que si l'enfant ne mange pas le bonbon, il lui offrirait un second Marshmallow.

Toutefois, si l'enfant a décidé de manger la première guimauve avant le retour du chercheur, alors ils n'en obtiendraient pas une deuxième.

L'enfant est mis face à un dilemme : Un bonbon tout de suite ou bien deux plus tard.

L'absence du chercheur dure alors 15 minutes. Il était amusant pour les chercheurs d'observer le comportement des enfants face à ce dilemme. Voici les résultats de l'expérience :

Il y a eu beaucoup d'enfants qui ont sauté sur le bonbon à peine le chercheur a claqué la porte. Certains autres ont attendu, les chercheurs les voyaient s'impatienter face à leur dilemme, mais ces enfants ont fini par sauter sur le bonbon.

Enfin, un petit nombre d'enfants ont attendu les 15 minutes et probablement auront attendu plus s'il le fallait et ont obtenu la *gratification différée* qu'était les deux bonbons.
Mais ce n'est pas tout…

À mesure que les années passaient et que les enfants grandissaient, les chercheurs menaient des études de suivi et notaient les progrès de chaque enfant dans un certain nombre de domaines. Ce qu'ils ont trouvé était surprenant. Les enfants qui ont attendu pour recevoir la deuxième guimauve ont eu des notes plus élevées aux tests scolaires, ont eu moins de toxicomanie, moins de probabilité d'obésité, de meilleures réponses au stress, de meilleures aptitudes sociales et généralement de meilleurs scores dans un certains nombre d'autres aspects de la vie.

Les chercheurs ont suivi chaque enfant pendant plus de 40 ans. Le groupe qui a attendu patiemment pour la deuxième guimauve a dépassé les autres dans toutes les capacités étudiées. En d'autres termes, cette série d'expériences a prouvé que la capacité de retarder la gratification était une qualité critique pour le succès dans la vie.

La voie du succès se résume généralement à choisir la douleur de la discipline plutôt que la facilité de la distraction.

Voilà pourquoi un rééquilibrage alimentaire, un programme sportif, des révisions pour les examens ... donnent le résultat escompté pour certains et donnent des résultats mitigés pour d'autres.

Cela nous amène à une question intéressante: est-ce que certains enfants ont naturellement plus de maîtrise de soi et sont donc destinés au succès? Ou bien peut-on apprendre à développer ce trait de caractère important?

Qu'est-ce qui détermine votre capacité à retarder la gratification?

Les chercheurs de l'Université de Rochester ont décidé de reproduire l'expérience de la guimauve, mais avec un changement important.

Avant de proposer aux enfants la guimauve, les chercheurs ont divisé les enfants en deux groupes.

Le premier groupe a été exposé à une série d'expériences peu fiables. Par exemple, le chercheur a donné aux enfants une petite boîte de crayons et a promis d'en apporter une plus grande, mais ne l'a jamais fait.

Ou encore, le chercheur a donné à des enfants des autocollants et a promis d'apporter une meilleure sélection d'autocollants, mais il n'a pas tenu sa promesse.

Pendant ce temps, le deuxième groupe a eu des expériences très fiables. On leur promettait de meilleurs crayons et ils les obtenaient. On leur a parlé des meilleurs autocollants et ils les ont reçus.

Vous pouvez imaginer l'impact de ces expériences sur le test de guimauve. Les enfants du groupe non fiable n'avaient aucune raison de croire que les chercheurs apporteraient une seconde guimauve et ils n'attendaient donc pas longtemps pour manger le premier bonbon.

Pendant ce temps, les enfants du deuxième groupe formaient leur cerveau pour voir la gratification retardée comme positive.

Chaque fois que le chercheur a fait une promesse et puis l'a tenu, les cerveaux des enfants ont enregistré deux choses: 1) L'attente de gratification vaut la peine et 2) J'ai la capacité d'attendre. En conséquence, le deuxième groupe a attendu en moyenne quatre fois plus longtemps que le premier groupe.

En d'autres termes, la capacité de l'enfant à retarder la gratification et à afficher sa maîtrise de soi n'était pas un trait prédéterminé, mais plutôt influencé par les expériences et l'environnement qui les entouraient.

En fait, les effets de l'environnement étaient presque instantanés.

Juste quelques minutes d'expériences fiables ou peu fiables suffisaient à pousser les actions de chaque enfant dans un sens ou dans l'autre.

Ce qu'on déduit de cette expérience, c'est que si vous voulez réussir à quelque chose, à un certain niveau, vous devrez trouver la capacité d'être discipliné et prendre des mesures au lieu d'être distrait et faire ce qui est facile.

C'est une capacité qu'on peut développer en procédant par étape et en s'offrant des récompenses pour chaque succès qu'il soit petit ou grand et en recherchant un environnement qui vous aide à tenir votre discipline.

Faire attention à l'environnement auquel on évolue comme celui où on fait évoluer nos enfants. Puis faire attention à ses choix.

Quand on a des enfants, il est donc crucial d'être fiable dans ses promesses envers eux et d'être source de confiance.

Remarquez que la notion de gratification différée est le modèle mental de base de l'investisseur et de aussi de l'épargnant c'est-à-dire du capitalisme. C'est aussi à l'échelle de la société le modèle de base de la politique au sens noble.

Conclusion

" Tous les modèles sont faux, certains sont utiles "
George Box

" La vie est un mystère qu'il faut vivre, et non un problème à résoudre"
Gandhi

Ce que je pense être important à retenir c'est que tous les modèles sont justes et erronés à la fois, certains sont utiles quand on sait comment et quand les appliquer.

La notion de modèle mental est finalement une notion intuitive. Vous avez certainement déjà vos modèles mentaux qui vous réussissent très bien. D'autres vous mènent des fois dans des voies de garage.

C'est quand on nomme les choses qu'on commence enfin à les connaître.
Même les meilleurs modèles du monde sont imparfaits. Il est important de se le rappeler si nous voulons apprendre à prendre des décisions les plus justes possibles et à agir au quotidien.

De 1905 à 1915, Einstein a développé la théorie générale de la relativité, qui est une des idées les plus importantes dans la physique moderne. La théorie d'Einstein se maintient remarquablement bien au fil du temps. Par exemple, la relativité générale a prédit l'existence d'ondes gravitationnelles, ce que les scientifiques ont finalement confirmé en 2015 - 100 ans après qu'Einstein l'ait initialement écrit.

Cependant, même les meilleures idées d'Einstein étaient imparfaites. Alors que la relativité générale explique comment l'univers fonctionne dans de nombreuses situations, son exactitude s'arrête pour des cas extrêmes (comme à l'intérieur des trous noirs).

Nous devons nous concentrer plus sur si quelque chose peut être appliqué à une situation de la vie quotidienne ou professionnelle d'une manière utile plutôt que de débattre sans fin si une réponse est correcte dans tous les cas possibles.

Les réponses impartiales sont les meilleures que nous ayons. Mettre l'accent sur ce qui est pratique et agir. Comme l'explique le professeur de Harvard Daniel Gilbert: « *Le monde n'a pas le luxe d'attendre des réponses complètes avant de prendre des mesures* ».

Quelles mesures pouvons-nous prendre pour prendre de meilleures décisions, étant donné qu'aucune façon de regarder le monde n'est jamais exacte dans toutes les situations?

Une approche consiste à élaborer une vaste collection de cadres de réflexion sur le monde. Certains appellent ces cadres de réflexion des «modèles mentaux». Chaque modèle mental est une façon de penser le monde. Plus vous avez de modèles mentaux, plus vous avez d'outils dans votre boîte à idées.

L'un de ces modèles est-il parfait? Bien sûr que non. Mais si vous les combinez, alors vous avez une stratégie qui peut vous aider à prendre des mesures.
Vous avez besoin d'une collection de modèles mentaux parce qu'aucun cadre unique ne peut fonctionner dans toutes les situations.

Dire que tous les modèles sont erronés dans certains cas ne doit pas être un prétexte pour accepter l'ignorance. Vous devez toujours chercher de meilleures réponses, rechercher des preuves et s'efforcer d'accroître l'exactitude de vos connaissances.

Ce livre ne prétend pas présenter une liste exhaustive des modèles mentaux, ce qui serait d'ailleurs impossible. Mais, le but de ce livre a été que le lecteur élargisse sa conscience en se rendant compte de l'utilité et des avantages qu'il peut tirer des modèles mentaux à travers un certains nombre de ces modèles qui vous ont été présentés.

Voilà, notre livre arrive à sa fin. J'espère que la lecture de ce livre vous a permis ne serait ce qu'un peu d'élargir le champ de votre conscience.

L'auteur

www.ingramcontent.com/pod-product-compliance
Lightning Source LLC
Chambersburg PA
CBHW030916180526
45163CB00004B/1853